KB056617

4-2

"따라쓰기 쉬운" 바른

글씨체 쓰기

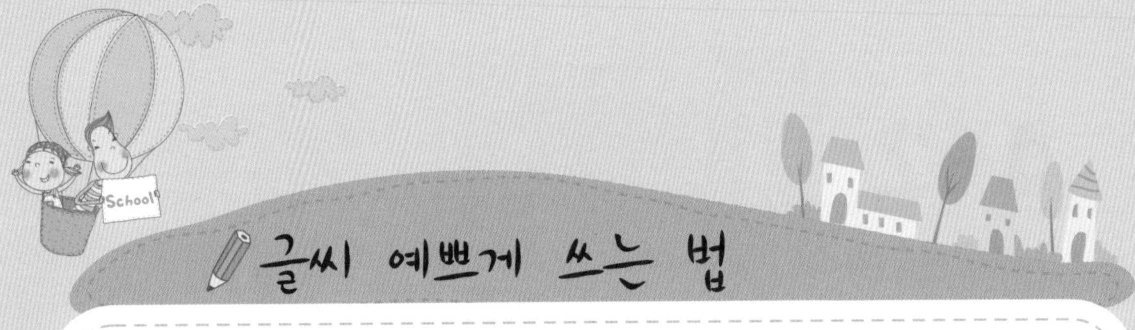

글씨 예쁘게 쓰는 법

바른 자세는 예쁜 글씨의 기본조건입니다. 같은 사람이라도 필기구 잡는 법을 바꾸면 글씨체가 바뀝니다.

필기구를 제대로 잡아야 손놀림이 자유롭고 힘이 많이 들어가지 않으며 글씨체도 부드러워집니다. 또 오른손이 필기구를 잡는다면 왼손은 항상 종이 위쪽에 둬야 몸 자세가 비뚤어지지 않습니다.

글씨 연습의 원칙 중엔 '크게 배워서 작게 쓰라' 도 있습니다. 처음부터 작게 연습을 하면 크게 쓸 때 글씨체가 흐트러지기 쉽기 때문입니다. 글씨 연습의 첫 출발은 선 긋기입니다. 선 긋기만 1주일에서 열흘 정도 연습해야 합니다. 글씨의 기둥 역할을 하는 'ㅣ' 는 쓰기 시작할 때 힘을 주고 점차 힘을 빼면서 살짝 퉁기는 기분으로 빠르게 내려긋습니다. 'ㅡ' 는 처음부터 끝까지 일정한 힘을 줘 긋습니다.

선 긋기 연습이 끝나면 'ㄱ' 'ㄴ' 'ㅅ' 'ㅇ' 을 연습합니다. 'ㄱ' 과 'ㄴ' 은 꺾이는 부분을 직각으로 하지 말고 살짝 굴려줘야 글씨를 부드럽게 빨리 쓸 수 있습니다. 'ㅇ' 은 크게 쓰는 것이 중요합니다. 'ㅇ' 은 글자의 얼굴격이기 때문입니다. 작게 쓰면 백발백중 글씨가 지저분하게 보입니다.

다음엔 자음 · 모음 배열법입니다. 글자 모양을 '◁' '△' '◇' 'ㅁ' 안에 집어넣는다고 생각하고 씁니다. 예를 들어 '서' '상' 등은 '◁' 모양, '읽' 은 'ㅁ' 모양에 맞춰 쓰는 식입니다. 글씨를 이어 쓸 때는 옆 글자와 키를 맞춰줘야 합니다. 키가 안 맞으면 보기 흉합니다. 글씨를 빨리 쓸 때는 글자에 약간 경사를 주면 됩니다. 이때는 가로획만 살짝 오른쪽 위로 올리고, 세로획은 똑바로 내려긋습니다.

예

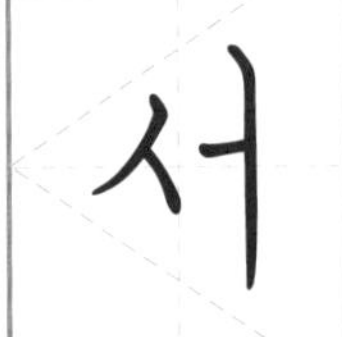

이 책의 구성과 특징

❶ 글씨 쓰기는 집중력과 두뇌 발달에 도움을 줍니다.

❷ 흐린 글씨를 따라 쓰고 빈칸에 맞추어 쓰다 보면 **한글 자형**의 구조를 알 수 있습니다.

❸ 글씨쓰기의 **모든 칸을 원고지로 구성**하여 바르고 고른 글씨를 연습하는데 좋습니다.

❹ **원고지 사용법을 기록**하여 대화글 쓰는데 도움이 됩니다.

예 ? (물음표) – 묻는 문장 끝에 씁니다.

❺ **퍼즐을 넣어** 단어의 뜻과 놀이를 동시에 할 수 있습니다.

❻ 단원 끝나는 부분에 틀리기 쉬운 글자를 한번 더 복습하여 낱말의 정확성을 키워 줍니다.

바른 자세 익히기

글씨를 쓸 때의 올바른 자세에 대해 알아보아요.

고개를 조금만 숙입니다.

글씨를 쓰지 않는 손으로 공책을 살짝 눌러 줍니다.

허리를 곧게 폅니다.

엉덩이를 의자 뒤쪽에 붙입니다.

두 발은 바닥에 나란히 닿도록 합니다.

연필을 바르게 잡는 방법을 알아보아요.

엄지손가락과
집게손가락의 모양을
둥글게 하여 연필을
잡습니다.

연필을 잡을 때에
너무 힘을 주면
안 돼요.

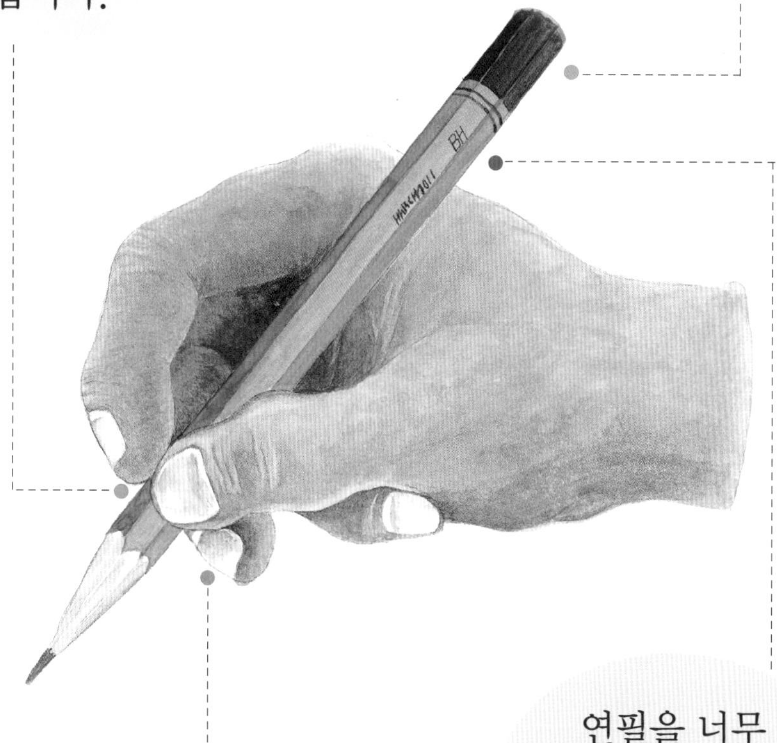

가운뎃손가락으로
연필을 받칩니다.

연필을 너무
세우거나 눕히지
않습니다.

목차
School Life

다
가

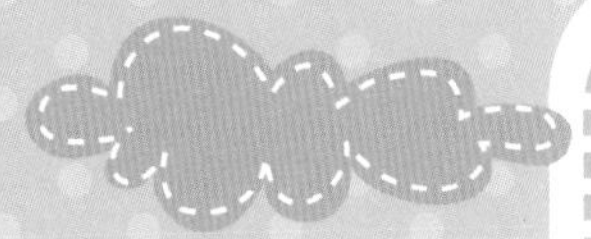

1. 감동이 머무는 곳

연필을 바르게 잡고 다음 낱말을 따라 써 보아요.

식 구 식 구 식 구 식 구 식 구
식 구 식 구 식 구 식 구 식 구

콧 등 콧 등 콧 등 콧 등 콧 등
콧 등 콧 등 콧 등 콧 등 콧 등

물 감 물 감 물 감 물 감 물 감
물 감 물 감 물 감 물 감 물 감

주 렁 주 렁 주 렁 주 렁 주 렁 주 렁
주 렁 주 렁 주 렁 주 렁 주 렁 주 렁

들 판 들 판 들 판 들 판 들 판
들 판 들 판 들 판 들 판 들 판

연필을 바르게 잡고 다음 낱말을 따라 써 보아요.

필 리 핀 필 리 핀 필 리 핀 필 리 핀
필 리 핀 필 리 핀 필 리 핀 필 리 핀

베 트 남 베 트 남 베 트 남 베 트 남
베 트 남 베 트 남 베 트 남 베 트 남

쩔 쩔 매 는 쩔 쩔 매 는 쩔 쩔 매 는
쩔 쩔 매 는 쩔 쩔 매 는 쩔 쩔 매 는

몽 골 몽 골 몽 골 몽 골 몽 골
몽 골 몽 골 몽 골 몽 골 몽 골

달 맞 이 꽃 달 맞 이 꽃 달 맞 이 꽃
달 맞 이 꽃 달 맞 이 꽃 달 맞 이 꽃

1. 감동이 머무는 곳

다음 글을 읽고 문장을 따라 써 보아요.

하늘은 파랗게 칠해서 높여 ✓
하늘은 파랗게 칠해서 높여
하늘은 파랗게 칠해서 높여

주고 산은 오색 물감 풀어서 ✓
주고 산은 오색 물감 풀어서
주고 산은 오색 물감 풀어서

그리고요 몇 마리 고추짱아도 ✓
그리고요 몇 마리 고추짱아도
그리고요 몇 마리 고추짱아도

하늘 날게 해 줄까?
하늘 날게 해 줄까?
하늘 날게 해 줄까?

다음 글을 읽고 문장을 따라 써 보아요.

과일은 빨갛게 주렁주렁 매
과일은 빨갛게 주렁주렁 매
과일은 빨갛게 주렁주렁 매

달고요 들판은 황금색을 색칠
달고요 들판은 황금색을 색칠
달고요 들판은 황금색을 색칠

해 보았더니 야! 정말 그림
해 보았더니 야! 정말 그림
해 보았더니 야! 정말 그림

장 안에 갈바람이 솔솔 부네.
장 안에 갈바람이 솔솔 부네
장 안에 갈바람이 솔솔 부네

띄어쓰기에 주의하며 문장을 바르게 써 보아요.

바다는 엄마처럼 가슴이 넓

바다는 엄마처럼 가슴이 넓

바다는 엄마처럼 가슴이 넓

바다는 엄마처럼 가슴이 넓

습니다. 온갖 물고기와 조개들

습니다. 온갖 물고기와 조개들

습니다. 온갖 물고기와 조개들

습니다. 온갖 물고기와 조개들

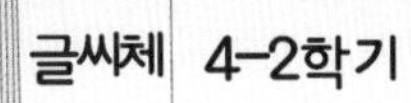

띄어쓰기에 주의하며 문장을 바르게 써 보아요.

을 품에 안고 파도가 칭얼거

을 품에 안고 파도가 칭얼거

을 품에 안고 파도가 칭얼거

을 품에 안고 파도가 칭얼거

려도 다독다독 달랩니다.

려도 다독다독 달랩니다.

려도 다독다독 달랩니다.

려도 다독다독 달랩니다.

띄어쓰기에 주의하며 문장을 바르게 써 보아요.

바다는 아빠처럼 못하는 게 ✓

바다는 아빠처럼 못하는 게

바다는 아빠처럼 못하는 게

바다는 아빠처럼 못하는 게

없습니다. 시뻘건 아침 해를

없습니다. 시뻘건 아침 해를

없습니다. 시뻘건 아침 해를

없습니다. 시뻘건 아침 해를

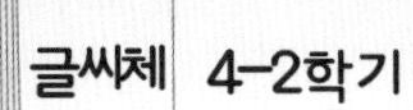

띄어쓰기에 주의하며 문장을 바르게 써 보아요.

번쩍 들어 올리시고 배들도

번쩍 들어 올리시고 배들도

번쩍 들어 올리시고 배들도

번쩍 들어 올리시고 배들도

갈매기 떼도 둥실둥실 띄운다.

갈매기 떼도 둥실둥실 띄운다

갈매기 떼도 둥실둥실 띄운다

갈매기 떼도 둥실둥실 띄운다

띄어쓰기에 주의하며 문장을 바르게 써 보아요.

토요일 오후, 집으로 돌아오

토요일 오후, 집으로 돌아오
토요일 오후, 집으로 돌아오
토요일 오후, 집으로 돌아오

는 길모퉁이에서였습니다. 어디

는 길모퉁이에서였습니다. 어디
는 길모퉁이에서였습니다. 어디
는 길모퉁이에서였습니다. 어디

띄어쓰기에 주의하며 문장을 바르게 써 보아요.

에서인가 야릇한 소리가 났습

에서인가 야릇한 소리가 났습

에서인가 야릇한 소리가 났습

에서인가 야릇한 소리가 났습

니다. 다급한 소리였습니다.

니다. 다급한 소리였습니다.

니다. 다급한 소리였습니다.

니다. 다급한 소리였습니다.

띄어쓰기에 주의하며 문장을 바르게 써 보아요.

내가 서 있는 곳에서 이삼 ✓

내가 서 있는 곳에서 이삼

내가 서 있는 곳에서 이삼

내가 서 있는 곳에서 이삼

미터 정도 떨어진 곳에 까만 ✓

미터 정도 떨어진 곳에 까만

미터 정도 떨어진 곳에 까만

미터 정도 떨어진 곳에 까만

띄어쓰기에 주의하며 문장을 바르게 써 보아요.

고양이 한 마리가 엎드려 있
고양이 한 마리가 엎드려 있

고양이 한 마리가 엎드려 있
고양이 한 마리가 엎드려 있

는 것이 눈에 띄었습니다.
는 것이 눈에 띄었습니다.

는 것이 눈에 띄었습니다.
는 것이 눈에 띄었습니다.

퍼즐로 배우는 낱말풀이

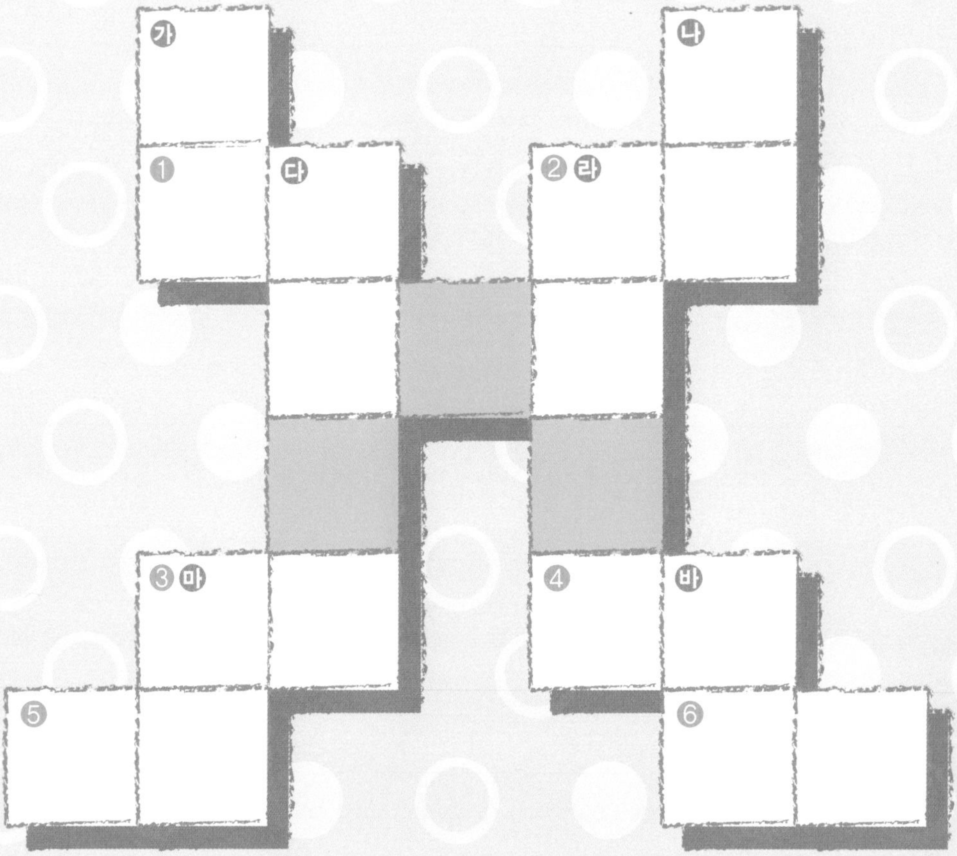

가 나

1 다 2 라

3 마 4 바

5 6

★ 해답은 113페이지

가로 퍼즐

❶ 날마다 그날그날 겪은 일이나 생각, 느낌 따위를 적는 개인의 기록

❷ 사람이 땅에서 위로 올려다볼 때 보이는 곳이다.

❸ 밀가루나 쌀가루 등에 설탕, 우유 따위를 섞어 굽거나 기름에 튀겨서 만든 음식. 주로 간식으로 먹는다.

❹ 소의 젖. 백색으로 지방, 단백질, 칼슘, 비타민이 풍부하게 함유되어 있어 영양가가 높다.

❺ 여러 가지 상품을 사고파는 일정한 장소

❻ 사람이나 동물의 목 위의 부분

세로 퍼즐

㉮ 나무 따위를 가꾸어 얻는, 사람이 먹을 수 있는 열매. 사과, 배, 포도, 귤, 감, 바나나, 밤 따위가 있다.

㉯ 옷 따위를 짓거나 꿰매는 데 쓰는, 가늘고 끝이 뾰족한 쇠로 된 물건

㉰ 주로 후일에 남길 목적으로 어떤 사실을 적음

㉱ 강과 늪지대에서 무리를 지어 생활하며, 몸집이 크고 입이 큰 대표적인 동물이다.

㉲ 사실보다 지나치게 불려서 나타냄

㉳ 남을 웃기는 말이나 행동

틀린 글자예요. 바르게 고쳐 써 보아요.

에처롭게	애처롭게 애처롭게 애처롭게 애처롭게
가엽어라	가엾어라 가엾어라 가엾어라 가엾어라
어렴푸시	어렴풋이 어렴풋이 어렴풋이 어렴풋이
요러케	요렇게 요렇게 요렇게 요렇게 요렇게 요렇게

2. 하나씩 배우며

2. 하나씩 배우며

연필을 바르게 잡고 다음 낱말을 따라 써 보아요.

씨	름		씨	름		씨	름		씨	름		씨	름	
씨	름		씨	름		씨	름		씨	름		씨	름	
제	려		제	려		제	려		제	려		제	려	
제	려		제	려		제	려		제	려		제	려	
단	오		단	오		단	오		단	오		단	오	
단	오		단	오		단	오		단	오		단	오	
잔	디	밭		잔	디	밭		잔	디	밭		잔	디	밭
잔	디	밭		잔	디	밭		잔	디	밭		잔	디	밭
민	중		민	중		민	중		민	중		민	중	
민	중		민	중		민	중		민	중		민	중	

연필을 바르게 잡고 다음 낱말을 따라 써 보아요.

벽 화 벽 화 벽 화 벽 화 벽 화
벽 화 벽 화 벽 화 벽 화 벽 화

샅 바 샅 바 샅 바 샅 바 샅 바
샅 바 샅 바 샅 바 샅 바 샅 바

머 리 카 락 머 리 카 락 머 리 카 락
머 리 카 락 머 리 카 락 머 리 카 락

널 뛰 기 널 뛰 기 널 뛰 기 널 뛰 기
널 뛰 기 널 뛰 기 널 뛰 기 널 뛰 기

농 번 기 농 번 기 농 번 기 농 번 기
농 번 기 농 번 기 농 번 기 농 번 기

2. 하나씩 배우며

 다음 글을 읽고 문장을 따라 써 보아요.

띠 씨 름 은 　 허 리 에 　 두 른 　 띠 를 ✓
띠 씨 름 은 　 허 리 에 　 두 른 　 띠 를
띠 씨 름 은 　 허 리 에 　 두 른 　 띠 를

잡 고 　 경 기 를 　 하 는 　 것 으 로 , 　 지
잡 고 　 경 기 를 　 하 는 　 것 으 로 , 　 지
잡 고 　 경 기 를 　 하 는 　 것 으 로 , 　 지

방 에 서 는 　 허 리 씨 름 　 또 는 　 통 씨
방 에 서 는 　 허 리 씨 름 　 또 는 　 통 씨
방 에 서 는 　 허 리 씨 름 　 또 는 　 통 씨

름 이 라 고 도 　 부 릅 니 다 . 　 띠 씨 름 은 ✓
름 이 라 고 도 　 부 릅 니 다 . 　 띠 씨 름 은
름 이 라 고 도 　 부 릅 니 다 . 　 띠 씨 름 은

다음 글을 읽고 문장을 따라 써 보아요.

과거에 많이 행하여진 경기

방식입니다. 샅바를 매고 하는

씨름 방식은 약 50년 전부터

시작되었다고 합니다.

띄어쓰기에 주의하며 문장을 바르게 써 보아요.

우리 생활 속의 모습을 꾸

우리 생활 속의 모습을 꾸
우리 생활 속의 모습을 꾸
우리 생활 속의 모습을 꾸

밈없이 그린 그림을 풍속화라

밈없이 그린 그림을 풍속화라
밈없이 그린 그림을 풍속화라
밈없이 그린 그림을 풍속화라

띄어쓰기에 주의하며 문장을 바르게 써 보아요.

고 합니다. 조선 후기에는 풍

고 합니다. 조선 후기에는 풍
고 합니다. 조선 후기에는 풍
고 합니다. 조선 후기에는 풍

속화가 매우 유행하였습니다.

속화가 매우 유행하였습니다.
속화가 매우 유행하였습니다.
속화가 매우 유행하였습니다.

띄어쓰기에 주의하며 문장을 바르게 써 보아요.

	한	옥	의		가	장		큰		특	징	은		방
	한	옥	의		가	장		큰		특	징	은		방

한 옥 의 가 장 큰 특 징 은 방

한 옥 의 가 장 큰 특 징 은 방

에		온	돌	이		갖	추	어	져		있	다	는	
에		온	돌	이		갖	추	어	져		있	다	는	

에 온 돌 이 갖 추 어 져 있 다 는

에 온 돌 이 갖 추 어 져 있 다 는

띄어쓰기에 주의하며 문장을 바르게 써 보아요.

점입니다. 우리 조상은 온돌을 ✓

깔아 겨울에 대비하였습니다.

2. 하나씩 배우며

띄어쓰기에 주의하며 문장을 바르게 써 보아요.

기둥이나 서까래처럼 집의

기둥이나 서까래처럼 집의
기둥이나 서까래처럼 집의
기둥이나 서까래처럼 집의

뼈대가 되는 부분과 문은 나

뼈대가 되는 부분과 문은 나
뼈대가 되는 부분과 문은 나
뼈대가 되는 부분과 문은 나

띄어쓰기에 주의하며 문장을 바르게 써 보아요.

무로 만들고, 벽과 바닥은 흙

무로 만들고, 벽과 바닥은 흙

무로 만들고, 벽과 바닥은 흙

무로 만들고, 벽과 바닥은 흙

과 짚을 물에 개어 발랐다.

과 짚을 물에 개어 발랐다.

과 짚을 물에 개어 발랐다.

과 짚을 물에 개어 발랐다.

2. 하나씩 배우며

띄어쓰기에 주의하며 문장을 바르게 써 보아요.

초가지붕은 여름에는 태양열

초가지붕은 여름에는 태양열

초가지붕은 여름에는 태양열

초가지붕은 여름에는 태양열

을 막아 주고, 겨울에는 효율

을 막아 주고, 겨울에는 효율

을 막아 주고, 겨울에는 효율

을 막아 주고, 겨울에는 효율

띄어쓰기에 주의하며 문장을 바르게 써 보아요.

적으로 내부의 온기가 밖으로

적으로 내부의 온기가 밖으로

적으로 내부의 온기가 밖으로

적으로 내부의 온기가 밖으로

빠져 나가지 못하게 합니다.

빠져 나가지 못하게 합니다.

빠져 나가지 못하게 합니다.

빠져 나가지 못하게 합니다.

퍼즐로 배우는 낱말풀이

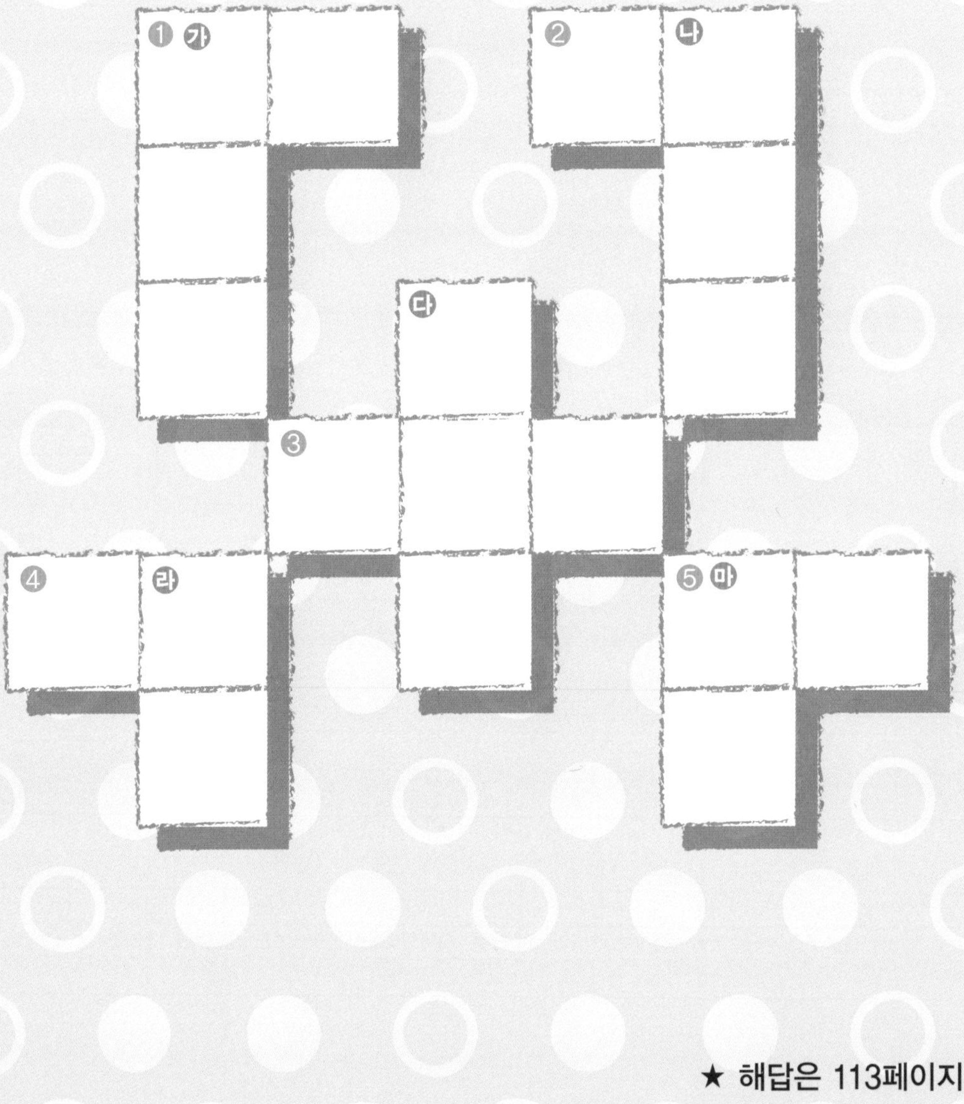

① 가 ② 나
다
③
④ 라 ⑤ 마

★ 해답은 113페이지

PUZZLE

가로 퍼즐

❶ 곡류, 과채류 따위의 씨나 모종을 심어 기르고 거두는 따위의 일

❷ 세게 부는 바람. '센 바람'으로 순화

❸ 낱낱의 잎. 주로 넓적한 잎을 이른다.

❹ 대상이나 물건 따위를 소유한 사람

❺ 집의 맨 꼭대기 부분을 덮어 씌우는 덮개

세로 퍼즐

㉮ 농사일이 매우 바쁜 시기. 모낼 때, 논맬 때, 추수할 때 따위가 이에 속한다.

㉯ 어느 시대의 풍속이나 일상생활, 특히 일반 주민들의 생활을 그린 그림

㉰ 배를 부리는 일을 직업으로 하는 사람

㉱ 마주 대하거나 헤어질 때에 예를 표함. 또는 그런 말이나 행동

㉲ 땅속에 묻어 두고, 그 위를 사람이나 차량 따위가 지나가면 폭발하도록 만든 폭약

틀린 글자예요. 바르게 고쳐 써 보아요.

삿바	샅 바 샅 바 샅 바 샅 바 샅 바 샅 바 샅 바 샅 바
넙적다리	넓 적 다 리 넓 적 다 리 넓 적 다 리 넓 적 다 리
그내뛰기	그 네 뛰 기 그 네 뛰 기 그 네 뛰 기 그 네 뛰 기
부억	부 엌 부 엌 부 엌 부 엌 부 엌 부 엌 부 엌 부 엌

3. 서로 다른 의견

3. 서로 다른 의견

연필을 바르게 잡고 다음 낱말을 따라 써 보아요.

체 육 관 체 육 관 체 육 관 체 육 관
체 육 관 체 육 관 체 육 관 체 육 관

축 구 축 구 축 구 축 구 축 구
축 구 축 구 축 구 축 구 축 구

트 럭 트 럭 트 럭 트 럭 트 럭
트 럭 트 럭 트 럭 트 럭 트 럭

미 끄 럼 틀 미 끄 럼 틀 미 끄 럼 틀
미 끄 럼 틀 미 끄 럼 틀 미 끄 럼 틀

운 동 회 운 동 회 운 동 회 운 동 회
운 동 회 운 동 회 운 동 회 운 동 회

연필을 바르게 잡고 다음 낱말을 따라 써 보아요.

독 서　독 서　독 서　독 서　독 서
독 서　독 서　독 서　독 서　독 서

위 인　위 인　위 인　위 인　위 인
위 인　위 인　위 인　위 인　위 인

링 컨　링 컨　링 컨　링 컨　링 컨
링 컨　링 컨　링 컨　링 컨　링 컨

세 종 대 왕　세 종 대 왕　세 종 대 왕
세 종 대 왕　세 종 대 왕　세 종 대 왕

백 독 백 습　백 독 백 습　백 독 백 습
백 독 백 습　백 독 백 습　백 독 백 습

3. 서로 다른 의견

다음 글을 읽고 문장을 따라 써 보아요.

독서는 세상을 바꾸는 힘이 ✓
독서는 세상을 바꾸는 힘이
독서는 세상을 바꾸는 힘이

있습니다. 위인들은 독서를 통
있습니다. 위인들은 독서를 통
있습니다. 위인들은 독서를 통

하여 세상을 보는 눈과 진리
하여 세상을 보는 눈과 진리
하여 세상을 보는 눈과 진리

를 깨우칠 수 있었으며 세상
를 깨우칠 수 있었으며 세상
를 깨우칠 수 있었으며 세상

다음 글을 읽고 문장을 따라 써 보아요.

을 변화시킬 수 있었습니다.

을 변화시킬 수 있었습니다.
을 변화시킬 수 있었습니다.

그래서 후세에 오래도록 기억

그래서 후세에 오래도록 기억
그래서 후세에 오래도록 기억

되는 사람들을 보면 책 읽기

되는 사람들을 보면 책 읽기
되는 사람들을 보면 책 읽기

를 좋아한 분이 많았습니다.

를 좋아한 분이 많았습니다.
를 좋아한 분이 많았습니다.

3. 서로 다른 의견

띄어쓰기에 주의하며 문장을 바르게 써 보아요.

숲에는 보호 야생 동물인

숲에는 보호 야생 동물인

숲에는 보호 야생 동물인

숲에는 보호 야생 동물인

하늘다람쥐와 천연기념물인 황

하늘다람쥐와 천연기념물인 황

하늘다람쥐와 천연기념물인 황

하늘다람쥐와 천연기념물인 황

띄어쓰기에 주의하며 문장을 바르게 써 보아요.

조롱이, 까막딱따구리 같은 새

조롱이, 까막딱따구리 같은 새

조롱이, 까막딱따구리 같은 새

조롱이, 까막딱따구리 같은 새

들이 살고 있습니다.

들이 살고 있습니다.

들이 살고 있습니다.

들이 살고 있습니다.

3. 서로 다른 의견

띄어쓰기에 주의하며 문장을 바르게 써 보아요.

댐을 건설하면 숲에 사는

댐을 건설하면 숲에 사는

댐을 건설하면 숲에 사는

댐을 건설하면 숲에 사는

동물들과 새들은 살 곳을 잃

동물들과 새들은 살 곳을 잃

동물들과 새들은 살 곳을 잃

동물들과 새들은 살 곳을 잃

띄어쓰기에 주의하며 문장을 바르게 써 보아요.

고, 만강의 물고기들도 다시는 ✓

고, 만강의 물고기들도 다시는

고, 만강의 물고기들도 다시는

고, 만강의 물고기들도 다시는

볼 수 없게 될 것입니다.

볼 수 없게 될 것입니다.

볼 수 없게 될 것입니다.

볼 수 없게 될 것입니다.

3. 서로 다른 의견

띄어쓰기에 주의하며 문장을 바르게 써 보아요.

비가 내리는 대로 강을 따

비가 내리는 대로 강을 따
비가 내리는 대로 강을 따
비가 내리는 대로 강을 따

라 흘러가게 내버려 두면, 강

라 흘러가게 내버려 두면, 강
라 흘러가게 내버려 두면, 강
라 흘러가게 내버려 두면, 강

띄어쓰기에 주의하며 문장을 바르게 써 보아요.

하류에서는 강물이 넘쳐 논과 ✓

하류에서는 강물이 넘쳐 논과

하류에서는 강물이 넘쳐 논과

하류에서는 강물이 넘쳐 논과

밭이 빗물에 잠기기도 합니다.

밭이 빗물에 잠기기도 합니다

밭이 빗물에 잠기기도 합니다

밭이 빗물에 잠기기도 합니다

3. 서로 다른 의견

띄어쓰기에 주의하며 문장을 바르게 써 보아요.

우리 집도 잠자는 시간을

우리 집도 잠자는 시간을

우리 집도 잠자는 시간을

우리 집도 잠자는 시간을

늦추었으면 좋겠다. 일찍 자는 ✓

늦추었으면 좋겠다. 일찍 자는

늦추었으면 좋겠다. 일찍 자는

늦추었으면 좋겠다. 일찍 자는

띄어쓰기에 주의하며 문장을 바르게 써 보아요.

것보다 하던 일을 다 마치고 ✓

것보다 하던 일을 다 마치고

것보다 하던 일을 다 마치고

것보다 하던 일을 다 마치고

자는 것이 중요하기 때문이다.

자는 것이 중요하기 때문이다

자는 것이 중요하기 때문이다

자는 것이 중요하기 때문이다

퍼즐로 배우는 낱말풀이

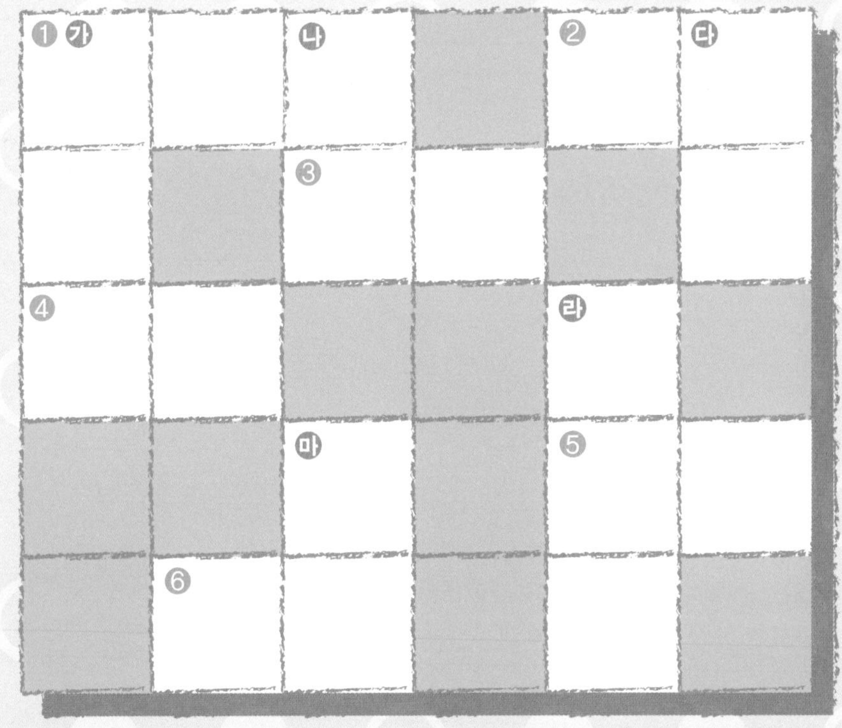

★ 해답은 113페이지

가로 퍼즐

❶ 여러 사람이 모여 여러 가지 운동 경기를 하는 모임

❷ 다섯 사람씩 두 편으로 나뉘어, 상대편의 바스켓에 공을 던져 넣어 얻은 점수의 많음을 겨루는 경기

❸ 내장의 여러 기관

❹ 이익을 얻으려고 물건을 사서 팖. 또는 그런 일

❺ 상을 주는 뜻을 표하여 주는 증서

❻ 안부, 소식, 용무 따위를 적어 보내는 글

세로 퍼즐

㉮ 체조, 운동 경기, 놀이 따위를 할 수 있도록 여러 가지 기구나 설비를 갖춘 넓은 마당

㉯ 모임을 대표하고 모임의 일을 총괄하는 사람

㉰ 일할 사람을 구함

㉱ 실제로 경험하지 않은 현상이나 사물에 대하여 마음속으로 그려 보는 힘

㉲ 어떠한 목적을 실현하기 위하여 자발적으로 의식적인 행동을 하게 하는 내적 욕구

틀린 글자예요. 바르게 고쳐 써 보아요.

축구 꼴대	골 대 골 대 골 대 골 대 골 대 골 대 골 대 골 대
실증	싫 증 싫 증 싫 증 싫 증 싫 증 싫 증 싫 증 싫 증
땜	댐 댐 댐 댐 댐 댐 댐 댐 댐 댐 댐 댐
노에 제도	노 예 제 도 노 예 제 도 노 예 제 도 노 예 제 도

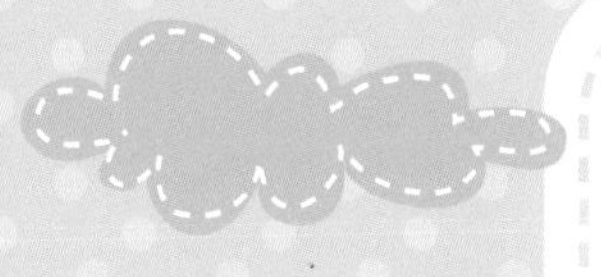

4. 이럴 때는 이렇게

4. 이럴 때는 이렇게

연필을 바르게 잡고 다음 낱말을 따라 써 보아요.

꾸 러 기 꾸 러 기 꾸 러 기 꾸 러 기
꾸 러 기 꾸 러 기 꾸 러 기 꾸 러 기

쪽 지 쪽 지 쪽 지 쪽 지 쪽 지
쪽 지 쪽 지 쪽 지 쪽 지 쪽 지

고 민 고 민 고 민 고 민 고 민
고 민 고 민 고 민 고 민 고 민

도 와 주 세 요 도 와 주 세 요
도 와 주 세 요 도 와 주 세 요

잔 소 리 잔 소 리 잔 소 리 잔 소 리
잔 소 리 잔 소 리 잔 소 리 잔 소 리

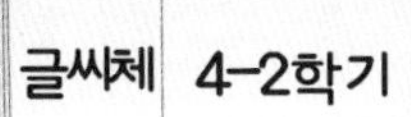

연필을 바르게 잡고 다음 낱말을 따라 써 보아요.

손 뼉 손 뼉 손 뼉 손 뼉 손 뼉
손 뼉 손 뼉 손 뼉 손 뼉 손 뼉

고 인 돌 고 인 돌 고 인 돌 고 인 돌
고 인 돌 고 인 돌 고 인 돌 고 인 돌

돌 무 덤 돌 무 덤 돌 무 덤 돌 무 덤
돌 무 덤 돌 무 덤 돌 무 덤 돌 무 덤

권 력 권 력 권 력 권 력 권 력
권 력 권 력 권 력 권 력 권 력

숭 배 숭 배 숭 배 숭 배 숭 배
숭 배 숭 배 숭 배 숭 배 숭 배

4. 이럴 때는 이렇게

다음 글을 읽고 문장을 따라 써 보아요.

잔소리가 꼭 나쁘기만 한
잔소리가 꼭 나쁘기만 한
잔소리가 꼭 나쁘기만 한

것은 아닙니다. 싫다고만 생각
것은 아닙니다. 싫다고만 생각
것은 아닙니다. 싫다고만 생각

하지 말고 부모님과 대화를
하지 말고 부모님과 대화를
하지 말고 부모님과 대화를

나누어 봅시다. 어쩌면 부모님
나누어 봅시다. 어쩌면 부모님
나누어 봅시다. 어쩌면 부모님

다음 글을 읽고 문장을 따라 써 보아요.

께서도 우리와 대화를 나누고 ✓
께서도 우리와 대화를 나누고
께서도 우리와 대화를 나누고

싶어 하실지도 모릅니다. 오늘
싶어 하실지도 모릅니다. 오늘
싶어 하실지도 모릅니다. 오늘

은 집에 가서 우리도 부모님
은 집에 가서 우리도 부모님
은 집에 가서 우리도 부모님

께 사랑의 잔소리를 해봅시다.
께 사랑의 잔소리를 해봅시다
께 사랑의 잔소리를 해봅시다

4. 이럴 때는 이렇게

띄어쓰기에 주의하며 문장을 바르게 써 보아요.

거대하고 웅장한 고인돌을

거대하고 웅장한 고인돌을

거대하고 웅장한 고인돌을

거대하고 웅장한 고인돌을

세우려면 몇 백 명이 힘을 합

세우려면 몇 백 명이 힘을 합

세우려면 몇 백 명이 힘을 합

세우려면 몇 백 명이 힘을 합

띄어쓰기에 주의하며 문장을 바르게 써 보아요.

쳐야 합니다. 옛사람들에게는

쳐야 합니다. 옛사람들에게는

쳐야 합니다. 옛사람들에게는

쳐야 합니다. 옛사람들에게는

무척 힘든 일이었을 것입니다.

무척 힘든 일이었을 것입니다

무척 힘든 일이었을 것입니다

무척 힘든 일이었을 것입니다

4. 이럴 때는 이렇게

띄어쓰기에 주의하며 문장을 바르게 써 보아요.

얼마 전에 톨스토이 위인전

얼마 전에 톨스토이 위인전

얼마 전에 톨스토이 위인전

얼마 전에 톨스토이 위인전

을 감명 깊게 읽었는데 톨스

을 감명 깊게 읽었는데 톨스

을 감명 깊게 읽었는데 톨스

을 감명 깊게 읽었는데 톨스

띄어쓰기에 주의하며 문장을 바르게 써 보아요.

토이가 지은 동화는 어떤 내

토이가 지은 동화는 어떤 내

토이가 지은 동화는 어떤 내

토이가 지은 동화는 어떤 내

용일지 궁금하였습니다.

용일지 궁금하였습니다.

용일지 궁금하였습니다.

용일지 궁금하였습니다.

4. 이럴 때는 이렇게

띄어쓰기에 주의하며 문장을 바르게 써 보아요.

이반은 공주와 결혼하고 왕

이반은 공주와 결혼하고 왕
이반은 공주와 결혼하고 왕
이반은 공주와 결혼하고 왕

이 되었습니다. 행복은 똑똑한 ✓

이 되었습니다. 행복은 똑똑한
이 되었습니다. 행복은 똑똑한
이 되었습니다. 행복은 똑똑한

띄어쓰기에 주의하며 문장을 바르게 써 보아요.

사람한테만 오는 것이 아니라

사람한테만 오는 것이 아니라

사람한테만 오는 것이 아니라

사람한테만 오는 것이 아니라

는 생각이 들었습니다.

는 생각이 들었습니다.

는 생각이 들었습니다.

는 생각이 들었습니다.

4. 이럴 때는 이렇게

띄어쓰기에 주의하며 문장을 바르게 써 보아요.

도깨비는 약초 세 개를 뽑

도깨비는 약초 세 개를 뽑
도깨비는 약초 세 개를 뽑
도깨비는 약초 세 개를 뽑

아 주었다. 이반은 그중에서

아 주었다. 이반은 그중에서
아 주었다. 이반은 그중에서
아 주었다. 이반은 그중에서

띄어쓰기에 주의하며 문장을 바르게 써 보아요.

하나를 오도독 씹어 먹었다.

하나를 오도독 씹어 먹었다.

하나를 오도독 씹어 먹었다.

하나를 오도독 씹어 먹었다.

아픈 배가 금세 나았다.

아픈 배가 금세 나았다.

아픈 배가 금세 나았다.

아픈 배가 금세 나았다.

퍼즐로 배우는 낱말풀이

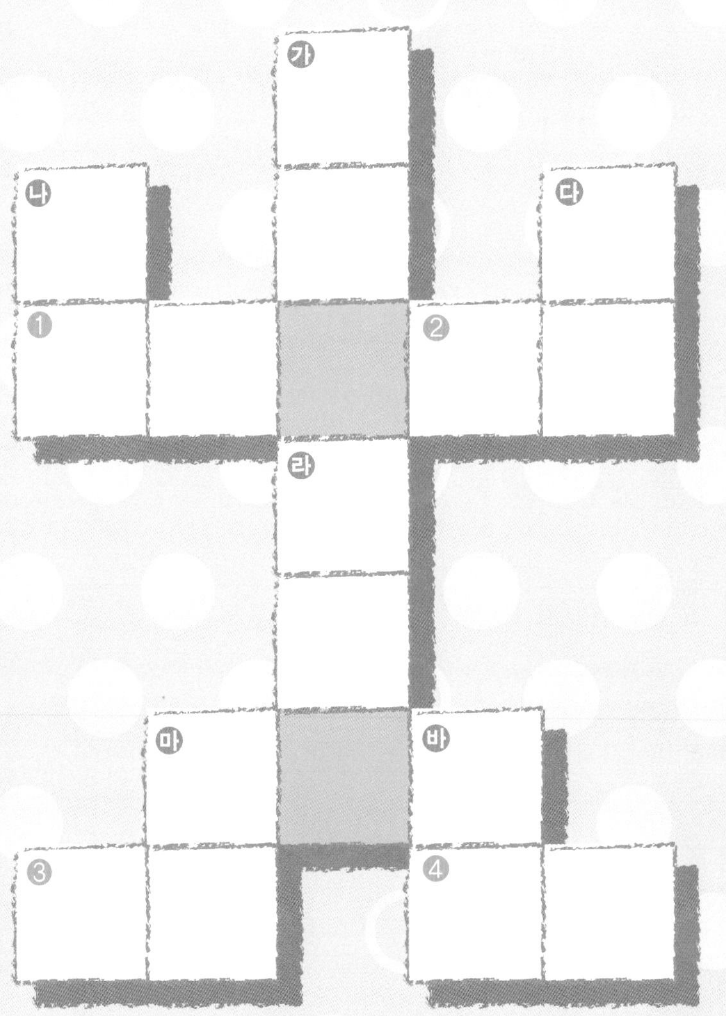

★ 해답은 113페이지

PUZZLE

가로 퍼즐

❶ 앙심을 품고 서로 미워하는 사이

❷ 대자연의 넓고 큰 땅

❸ 소의 암컷

❹ 남을 동정하는 따뜻한 마음

세로 퍼즐

㉮ 신이나 부처 따위의 종교적 대상을 우러러 신앙함

㉯ 믿고 받드는 일. 비슷한말 믿음

㉰ 하늘과 땅을 아울러 이르는 말

㉱ 왕의 딸

㉲ 소리 없이 빙긋이 웃음

㉳ 군대에서 복무하는 사람

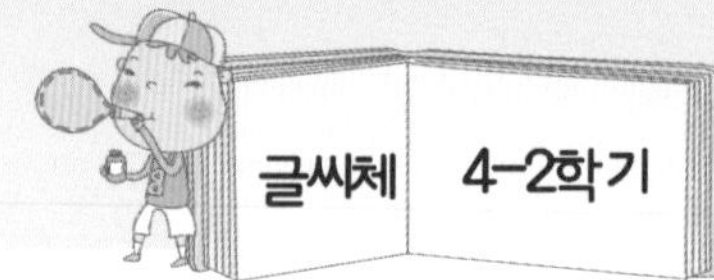

틀린 글자예요. 바르게 고쳐 써 보아요.

마을과의 경개	경계 경계 경계 경계 경계 경계 경계 경계
목으로 남겨진	몫 몫 몫 몫 몫 몫 몫 몫 몫 몫 몫 몫
욕심장이	욕심쟁이 욕심쟁이 욕심쟁이 욕심쟁이
빗까지 얻어	빚 빚 빚 빚 빚 빚 빚 빚 빚 빚 빚 빚

5. 정보를 모아

5. 정보를 모아

연필을 바르게 잡고 다음 낱말을 따라 써 보아요.

노 력　노 력　노 력　노 력　노 력
노 력　노 력　노 력　노 력　노 력

성 장　성 장　성 장　성 장　성 장
성 장　성 장　성 장　성 장　성 장

단 백 질　단 백 질　단 백 질　단 백 질
단 백 질　단 백 질　단 백 질　단 백 질

칼 슘　칼 슘　칼 슘　칼 슘　칼 슘
칼 슘　칼 슘　칼 슘　칼 슘　칼 슘

영 양　섭 취　영 양　섭 취　영 양
영 양　섭 취　영 양　섭 취　영 양

연필을 바르게 잡고 다음 낱말을 따라 써 보아요.

성 장 호 르 몬 성 장 호 르 몬
성 장 호 르 몬 성 장 호 르 몬

줄 넘 기 줄 넘 기 줄 넘 기 줄 넘 기
줄 넘 기 줄 넘 기 줄 넘 기 줄 넘 기

농 구 농 구 농 구 농 구 농 구
농 구 농 구 농 구 농 구 농 구

인 터 넷 인 터 넷 인 터 넷 인 터 넷
인 터 넷 인 터 넷 인 터 넷 인 터 넷

진 흙 진 흙 진 흙 진 흙 진 흙
진 흙 진 흙 진 흙 진 흙 진 흙

다음 글을 읽고 문장을 따라 써 보아요.

키가 크려면 균형 있는 영

키가 크려면 균형 있는 영
키가 크려면 균형 있는 영

양 섭취가 필요하다. 특히, 단

양 섭취가 필요하다. 특히, 단
양 섭취가 필요하다. 특히, 단

백질과 칼슘은 직접적으로 영

백질과 칼슘은 직접적으로 영
백질과 칼슘은 직접적으로 영

향을 준다고 알려져 있다.

향을 준다고 알려져 있다.
향을 준다고 알려져 있다.

다음 글을 읽고 문장을 따라 써 보아요.

규칙적인 운동도 키가 크는 ✓
규칙적인 운동도 키가 크는
규칙적인 운동도 키가 크는

데 도움이 된다. 성장판에 적
데 도움이 된다. 성장판에 적
데 도움이 된다. 성장판에 적

당한 자극을 주며 뇌의 성장 ✓
당한 자극을 주며 뇌의 성장
당한 자극을 주며 뇌의 성장

호르몬 분비를 촉진한다.
호르몬 분비를 촉진한다.
호르몬 분비를 촉진한다.

5. 정보를 모아

띄어쓰기에 주의하며 문장을 바르게 써 보아요.

저는 인터넷에서 정보를 찾

저는 인터넷에서 정보를 찾

저는 인터넷에서 정보를 찾

저는 인터넷에서 정보를 찾

아보았어요. 인터넷은 검색이

아보았어요. 인터넷은 검색이

아보았어요. 인터넷은 검색이

아보았어요. 인터넷은 검색이

띄어쓰기에 주의하며 문장을 바르게 써 보아요.

쉽고 자료가 많을 것이라고

쉽고 자료가 많을 것이라고

쉽고 자료가 많을 것이라고

쉽고 자료가 많을 것이라고

생각하였기 때문이에요.

생각하였기 때문이에요.

생각하였기 때문이에요.

생각하였기 때문이에요.

띄어쓰기에 주의하며 문장을 바르게 써 보아요.

참 이상한 일이었어요. 농부 ✓

참 이상한 일이었어요. 농부

참 이상한 일이었어요. 농부

참 이상한 일이었어요. 농부

아저씨들이 벼가 누렇게 잘

아저씨들이 벼가 누렇게 잘

아저씨들이 벼가 누렇게 잘

아저씨들이 벼가 누렇게 잘

띄어쓰기에 주의하며 문장을 바르게 써 보아요.

익은 논을 바라보면서 연방

익은 논을 바라보면서 연방

익은 논을 바라보면서 연방

익은 논을 바라보면서 연방

한숨을 내쉬고 있는 거예요.

한숨을 내쉬고 있는 거예요.

한숨을 내쉬고 있는 거예요.

한숨을 내쉬고 있는 거예요.

5. 정보를 모아

띄어쓰기에 주의하며 문장을 바르게 써 보아요.

농부 아저씨들이 걱정을 하

농부 아저씨들이 걱정을 하

농부 아저씨들이 걱정을 하

농부 아저씨들이 걱정을 하

는 까닭은 바로 가격 때문이

는 까닭은 바로 가격 때문이

는 까닭은 바로 가격 때문이

는 까닭은 바로 가격 때문이

띄어쓰기에 주의하며 문장을 바르게 써 보아요.

에요. 작년에도 풍년이 들었지

에요. 작년에도 풍년이 들었지

에요. 작년에도 풍년이 들었지

에요. 작년에도 풍년이 들었지

만 기쁨은 잠시뿐이었어요.

만 기쁨은 잠시뿐이었어요.

만 기쁨은 잠시뿐이었어요.

만 기쁨은 잠시뿐이었어요.

퍼즐로 배우는 낱말풀이

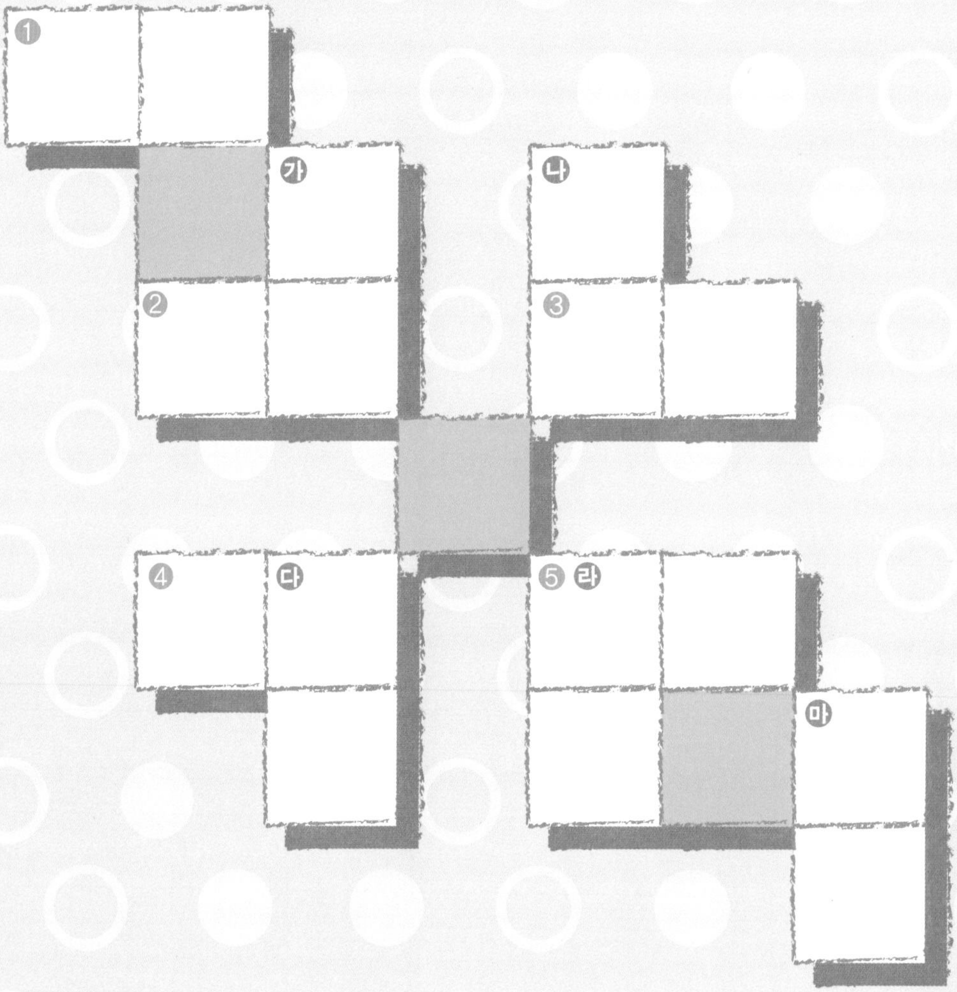

①　　가　　나　　②　　③　　④　　다　　⑤ 라　　마

★ 해답은 113페이지

PUZZLE

가로 퍼즐

❶ 어버이의 성격, 체질, 형상 따위의 형질이 자손에게 전해짐. 또는 그런 현상

❷ 어느 일정한 시기부터 다른 어느 일정한 시기까지의 사이

❸ 어떠한 사물이나 사실이 존재해 온 연혁

❹ 군인이나 군대를 이르던 말

❺ 한 가정의 살림살이를 맡아 꾸려 가는 안주인

세로 퍼즐

㉮ 아무것도 없는 빈 곳

㉯ 나라와 나라 사이에 서로 물품을 매매하는 일

㉰ 자기의 잘못을 인정하고 용서를 빎

㉱ 밥이나 빵과 같이 끼니에 주로 먹는 음식

㉲ 곡식이 잘 자라고 잘 여물어 평년보다 수확이 많은 해

틀린 글자예요. 바르게 고쳐 써 보아요.

갯뻘	갯벌 갯벌 갯벌 갯벌 갯벌 갯벌 갯벌 갯벌
겟지렁이	갯지렁이 갯지렁이 갯지렁이 갯지렁이
과일갑	과일값 과일값 과일값 과일값 과일값 과일값
산 넘어	산 너머 산 너머 너머 산 너머 산 너머 너머

6. 여러 가지 의견

6. 여러 가지 의견

연필을 바르게 잡고 다음 낱말을 따라 써 보아요.

과자 과자 과자 과자 과자
과자 과자 과자 과자 과자

위생적 위생적 위생적 위생적
위생적 위생적 위생적 위생적

뉴스 뉴스 뉴스 뉴스 뉴스
뉴스 뉴스 뉴스 뉴스 뉴스

고무 조각 고무 조각 조각
고무 조각 고무 조각 조각

자전거 자전거 자전거 자전거
자전거 자전거 자전거 자전거

연필을 바르게 잡고 다음 낱말을 따라 써 보아요.

손	잡	이		손	잡	이		손	잡	이		손	잡	이
손	잡	이		손	잡	이		손	잡	이		손	잡	이
철	컥	철	컥		철	컥	철	컥		철	컥	철	컥	
철	컥	철	컥		철	컥	철	컥		철	컥	철	컥	
횡	단	보	도		횡	단	보	도		횡	단	보	도	
횡	단	보	도		횡	단	보	도		횡	단	보	도	
주	택	가		주	택	가		주	택	가		주	택	가
주	택	가		주	택	가		주	택	가		주	택	가
스	피	커		스	피	커		스	피	커		스	피	커
스	피	커		스	피	커		스	피	커		스	피	커

6. 여러 가지 의견

다음 글을 읽고 문장을 따라 써 보아요.

과자를 위생적으로 만들어

과자를 위생적으로 만들어
과자를 위생적으로 만들어

주세요. 과자에서 고무 조각이 ✓

주세요. 과자에서 고무 조각이
주세요. 과자에서 고무 조각이

나왔다는 뉴스를 보고 깜짝

나왔다는 뉴스를 보고 깜짝
나왔다는 뉴스를 보고 깜짝

놀랐어요. 과자를 만드는 곳의 ✓

놀랐어요. 과자를 만드는 곳의
놀랐어요. 과자를 만드는 곳의

다음 글을 읽고 문장을 따라 써 보아요.

위생을 철저하게 관리하면 그런 것이 들어가지 않을 거예요. 우리가 안심하고 과자를 먹을 수 있으면 좋겠어요.

위생을 철저하게 관리하면 그
위생을 철저하게 관리하면 그
런 것이 들어가지 않을 거예
런 것이 들어가지 않을 거예
요. 우리가 안심하고 과자를
요. 우리가 안심하고 과자를
먹을 수 있으면 좋겠어요.
먹을 수 있으면 좋겠어요.

6. 여러 가지 의견

띄어쓰기에 주의하며 문장을 바르게 써 보아요.

"자전거로 통학하는 친구들

"자전거로 통학하는 친구들
"자전거로 통학하는 친구들
"자전거로 통학하는 친구들

이 많지요? 자전거 통학에

이 많지요? 자전거 통학에
이 많지요? 자전거 통학에
이 많지요? 자전거 통학에

띄어쓰기에 주의하며 문장을 바르게 써 보아요.

대하여 여러분이 해결 방안을 ✓

대하여 여러분이 해결 방안을

대하여 여러분이 해결 방안을

대하여 여러분이 해결 방안을

제안하여 보면 어떨까요?"

제안하여 보면 어떨까요?"

제안하여 보면 어떨까요?"

제안하여 보면 어떨까요?"

6. 여러 가지 의견

띄어쓰기에 주의하며 문장을 바르게 써 보아요.

하지만, 치사하게 고자질을

하지만, 치사하게 고자질을

하지만, 치사하게 고자질을

하지만, 치사하게 고자질을

할 수는 없었어요. 나는 결심

할 수는 없었어요. 나는 결심

할 수는 없었어요. 나는 결심

할 수는 없었어요. 나는 결심

띄어쓰기에 주의하며 문장을 바르게 써 보아요.

을 하였어요. 반장답게 나 혼

을 하였어요. 반장답게 나 혼
을 하였어요. 반장답게 나 혼
을 하였어요. 반장답게 나 혼

자 벌을 받겠다고요.

자 벌을 받겠다고요.
자 벌을 받겠다고요.
자 벌을 받겠다고요.

6. 여러 가지 의견

띄어쓰기에 주의하며 문장을 바르게 써 보아요.

창남이가 말을 끝내자 주변

창남이가 말을 끝내자 주변
창남이가 말을 끝내자 주변
창남이가 말을 끝내자 주변

이 고요해졌다. 친구들은 아무

이 고요해졌다. 친구들은 아무
이 고요해졌다. 친구들은 아무
이 고요해졌다. 친구들은 아무

띄어쓰기에 주의하며 문장을 바르게 써 보아요.

말 없이 고개를 숙였다. 선생

말 없이 고개를 숙였다. 선생

말 없이 고개를 숙였다. 선생

말 없이 고개를 숙였다. 선생

님께서도 고개를 숙이셨다.

님께서도 고개를 숙이셨다.

님께서도 고개를 숙이셨다.

님께서도 고개를 숙이셨다.

퍼즐로 배우는 낱말풀이

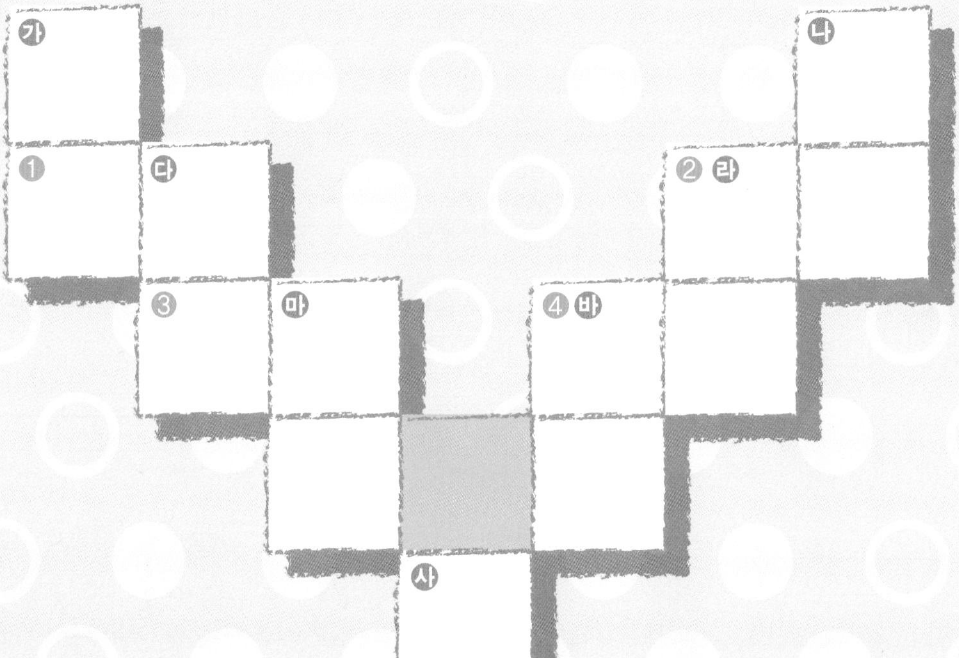

가						나
1	다				2 라	
	3	마		4 바		
			사			
		5 아		자		

★ 해답은 113페이지

가로 퍼즐

① 사람의 힘이 더해지지 아니하고 저절로 생겨난 산, 강, 바다, 식물, 동물 따위의 존재

② 주로 독일어를 쓰며 수도는 베를린이다. 이 나라는?

③ 기관차에 여객차나 화물차를 연결하여 궤도 위를 운행하는 차량. 사람이나 화물을 실어 나른다.

④ 신문이나 잡지 따위에서, 어떠한 사실을 알리는 글

⑤ 시상할 때에 베푸는 의식

세로 퍼즐

㉮ 사람이 걸터앉는 데 쓰는 기구

㉯ 여럿 가운데서 첫째가는 것

㉰ 배우가 배역의 인물, 성격, 행동 따위를 표현해 내는 일

㉱ 이빨에 독이 있어 독액을 분비하는 뱀

㉲ 차를 타는 데에 드는 비용

㉳ 사물이나 일 따위의 기본이 되는 토대

㉴ 높이 날아오름

㉵ 물체의 존재나 형상을 인식하는 눈의 능력

㉶ 사람이 일상적으로 섭취하는 음식물을 통틀어 이르는 말

틀린 글자예요. 바르게 고쳐 써 보아요.

기게	기 계 기 계 기 계 기 계 기 계 기 계 기 계 기 계
볼맨소리	볼 멘 소 리 볼 멘 소 리 소 리 볼 멘 소 리 볼 멘 소 리 소 리
끼언즌	끼 얹 은 끼 얹 은 끼 얹 은 끼 얹 은 끼 얹 은 끼 얹 은
쭈볏쭈볏	쭈 뼛 쭈 뼛 쭈 뼛 쭈 뼛 쭈 뼛 쭈 뼛 쭈 뼛 쭈 뼛 쭈 뼛 쭈 뼛

7. 삶의 향기

7. 삶의 향기

연필을 바르게 잡고 다음 낱말을 따라 써 보아요.

초 가 집 초 가 집 초 가 집 초 가 집
초 가 집 초 가 집 초 가 집 초 가 집

비 단 옷 비 단 옷 비 단 옷 비 단 옷
비 단 옷 비 단 옷 비 단 옷 비 단 옷

중 국 사 람 중 국 사 람 중 국
중 국 사 람 중 국 사 람 중 국

풀 물 풀 물 풀 물 풀 물 풀 물
풀 물 풀 물 풀 물 풀 물 풀 물

흙 투 성 이 흙 투 성 이 흙 투 성 이
흙 투 성 이 흙 투 성 이 흙 투 성 이

연필을 바르게 잡고 다음 낱말을 따라 써 보아요.

명 당 명 당 명 당 명 당 명 당
명 당 명 당 명 당 명 당 명 당

산 등 성 이 산 등 성 이 산 등 성 이
산 등 성 이 산 등 성 이 산 등 성 이

고 끼 오 고 끼 오 고 끼 오 고 끼 오
고 끼 오 고 끼 오 고 끼 오 고 끼 오

다 짜 고 짜 다 짜 고 짜 다 짜 고 짜
다 짜 고 짜 다 짜 고 짜 다 짜 고 짜

초 롱 초 롱 초 롱 초 롱 초 롱 초 롱
초 롱 초 롱 초 롱 초 롱 초 롱 초 롱

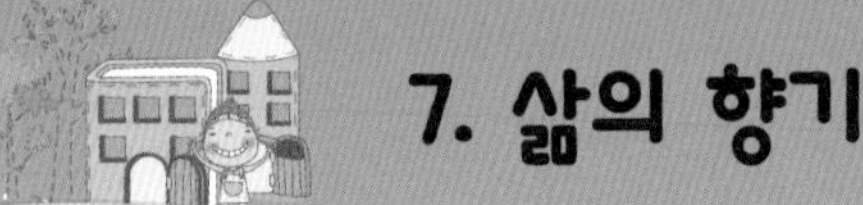

다음 글을 읽고 문장을 따라 써 보아요.

얼마 뒤, 아내는 아이를 잉

얼마 뒤, 아내는 아이를 잉
얼마 뒤, 아내는 아이를 잉

태하여 순산하였어요. 몸집이

태하여 순산하였어요. 몸집이
태하여 순산하였어요. 몸집이

크고 눈망울이 초롱초롱한 딸

크고 눈망울이 초롱초롱한 딸
크고 눈망울이 초롱초롱한 딸

이었어요. 이어서 이듬해에 아

이었어요. 이어서 이듬해에 아
이었어요. 이어서 이듬해에 아

다음 글을 읽고 문장을 따라 써 보아요.

들이 태어났어요. 몸집은 작지
들이 태어났어요. 몸집은 작지
들이 태어났어요. 몸집은 작지

만 단단하기가 꼭 차돌 같은
만 단단하기가 꼭 차돌 같은
만 단단하기가 꼭 차돌 같은

아이였지요. 부부는 아이의 이
아이였지요. 부부는 아이의 이
아이였지요. 부부는 아이의 이

름을 '김덕령'이라 지었어요.
름을 '김덕령'이라 지었어요
름을 '김덕령'이라 지었어요

띄어쓰기에 주의하며 문장을 바르게 써 보아요.

김덕령의 교만한 마음은 달

김덕령의 교만한 마음은 달

김덕령의 교만한 마음은 달

김덕령의 교만한 마음은 달

이 가고 해가 갈수록 커져만 ✓

이 가고 해가 갈수록 커져만

이 가고 해가 갈수록 커져만

이 가고 해가 갈수록 커져만

띄어쓰기에 주의하며 문장을 바르게 써 보아요.

갔어요. 자기 힘을 믿고 다른 ✓

갔어요. 자기 힘을 믿고 다른

갔어요. 자기 힘을 믿고 다른

갔어요. 자기 힘을 믿고 다른

사람들을 얕보기 일쑤였지요.

사람들을 얕보기 일쑤였지요.

사람들을 얕보기 일쑤였지요.

사람들을 얕보기 일쑤였지요.

띄어쓰기에 주의하며 문장을 바르게 써 보아요.

넘어가서 가만히 살펴보니까 ✓

넘어가서 가만히 살펴보니까

넘어가서 가만히 살펴보니까

넘어가서 가만히 살펴보니까

산속에 커다란 바위 굴이 하

산속에 커다란 바위 굴이 하

산속에 커다란 바위 굴이 하

산속에 커다란 바위 굴이 하

띄어쓰기에 주의하며 문장을 바르게 써 보아요.

나 있는데, 바위가 온통 새

나 있는데, 바위가 온통 새

나 있는데, 바위가 온통 새

나 있는데, 바위가 온통 새

발톱에 긁혀 있더래.

발톱에 긁혀 있더래.

발톱에 긁혀 있더래.

발톱에 긁혀 있더래.

7. 삶의 향기

띄어쓰기에 주의하며 문장을 바르게 써 보아요.

어머니의 말씀에 나는 두

어머니의 말씀에 나는 두
어머니의 말씀에 나는 두
어머니의 말씀에 나는 두

눈을 비비며 부스스 일어나

눈을 비비며 부스스 일어나
눈을 비비며 부스스 일어나
눈을 비비며 부스스 일어나

띄어쓰기에 주의하며 문장을 바르게 써 보아요.

앉았다. 지각하는 모습을 미희

앉았다. 지각하는 모습을 미희
앉았다. 지각하는 모습을 미희
앉았다. 지각하는 모습을 미희

에게 보여 주고 싶지는 않다.

에게 보여 주고 싶지는 않다
에게 보여 주고 싶지는 않다
에게 보여 주고 싶지는 않다

퍼즐로 배우는 낱말풀이

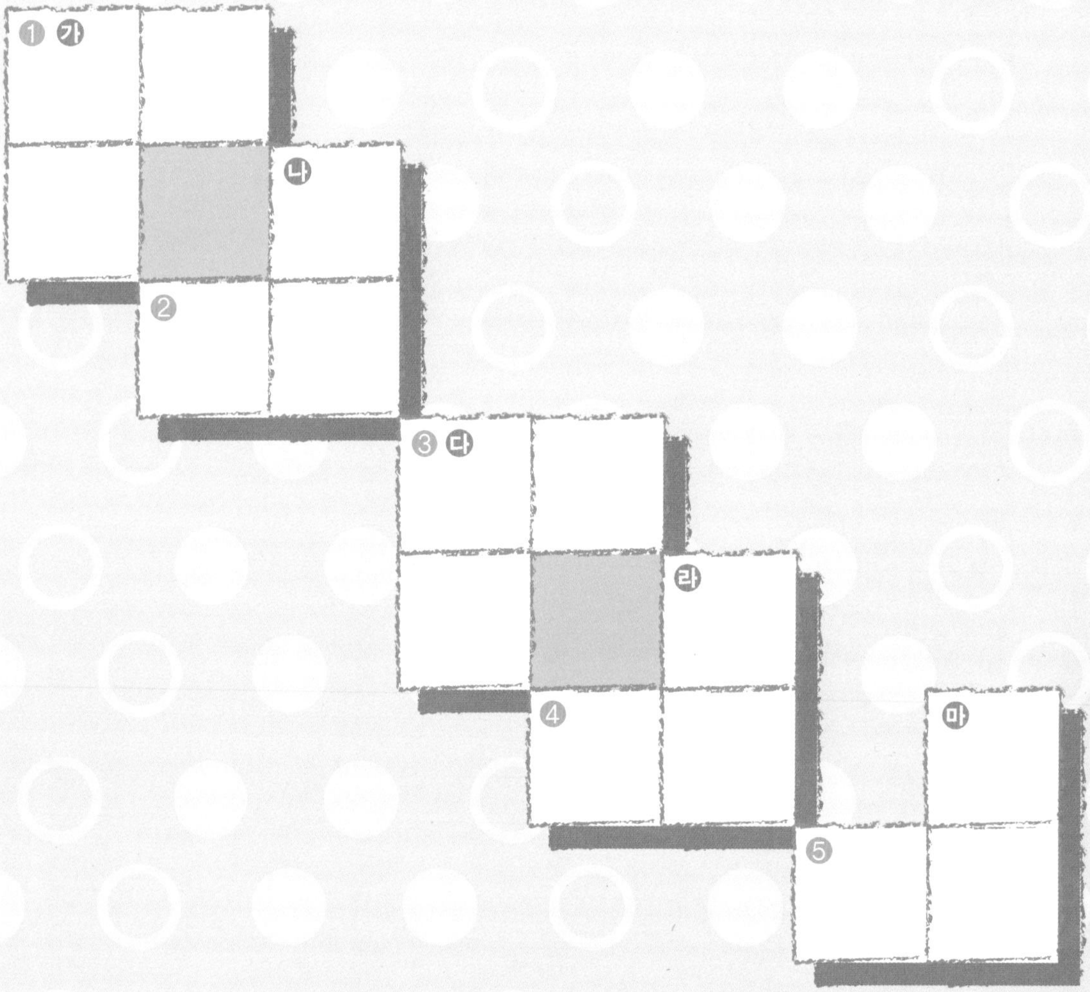

1 가							
		나					
	2						
			3 다				
					라		
				4			마
						5	

★ 해답은 113페이지

PUZZLE

가로 퍼즐

❶ 어떤 일에 썩 좋은 자리

❷ 같은말로 곡물이 있다. ○○이 잘 여물었다.

❸ 일정한 부피는 가졌으나 일정한 형태를 가지지 못한 물질. 고체, ○○, 기체

❹ 수를 나타내는 글자. 1, 2, 3…

❺ 점 또는 짧은 선 토막으로 이루어진 선

세로 퍼즐

㉮ 세상에서 훌륭하다고 인정되는 이름이나 자랑. 또는 그런 존엄이나 품위

㉯ 어떤 대상에 대하여 배우거나 실천을 통하여 알게 된 명확한 인식이나 이해

㉰ 그림, 글씨, 사진 따위를 끼우는 틀

㉱ 신문, 잡지, 방송 따위에 실을 기사를 취재하여 쓰거나 편집하는 사람

㉲ 꺾이거나 굽은 데가 없는 곧은 선

틀린 글자예요. 바르게 고쳐 써 보아요.

날쎈지	날 쌘 지 날 쌘 지 날 쌘 지 날 쌘 지 날 쌘 지 날 쌘 지
얏보기	얕 보 기 얕 보 기 얕 보 기 얕 보 기 얕 보 기 얕 보 기
찌뿌리며	찌 푸 리 며 찌 푸 리 며 찌 푸 리 며 찌 푸 리 며
가소럽다	가 소 롭 다 가 소 롭 다 가 소 롭 다 가 소 롭 다

퍼즐 정답

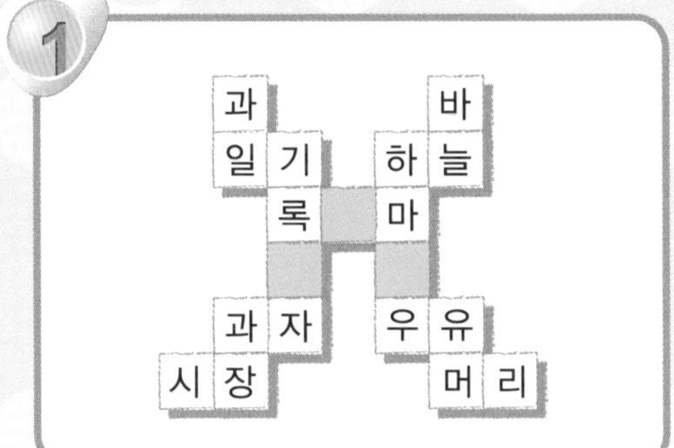
1
과 바
일 기 하 늘
록 마
과 자 우 유
시 장 머 리

2
농 사 강 풍
번 속
기 뱃 화
잎 사 귀
주 인 공 지 붕
사 뢰

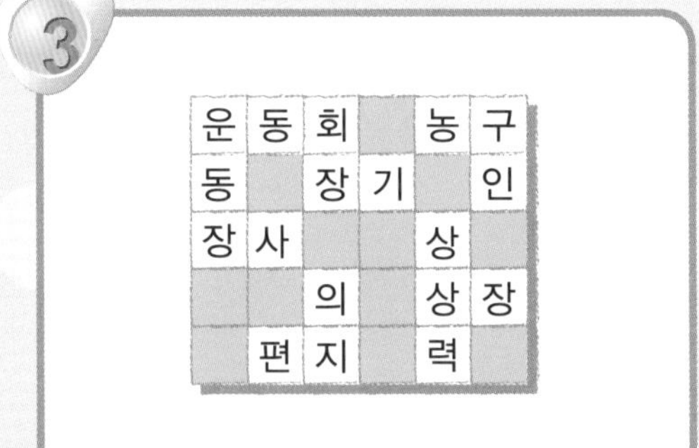
3
운 동 회 농 구
동 장 기 인
장 사 상
의 상 장
편 지 력

4
숭
신 배 천
앙 숙 대 지
공
주
미 군
암 소 인 정

5
유 전
공 무
기 간 역 사
군 사 주 부
과 식 풍
년

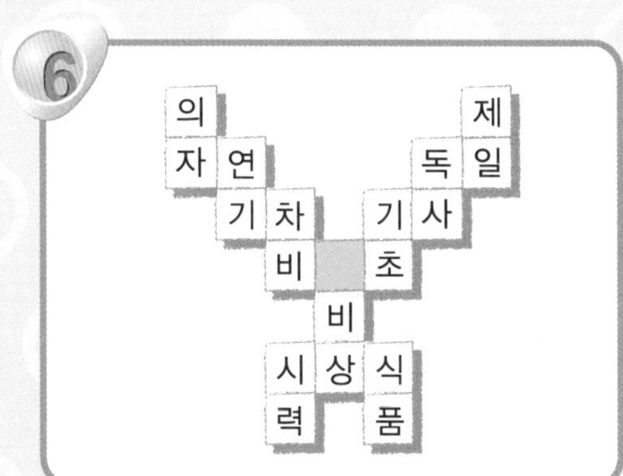
6
의 제
자 연 독 일
기 차 기 사
비 초
비
시 상 식
력 품

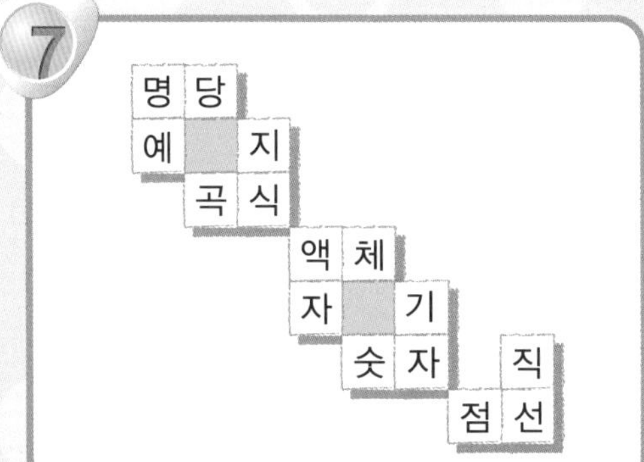
7
명 당
예 지
곡 식
액 체
자 기
숫 자 직
점 선

원고지 사용법

제목쓰기

– 맨 첫째 줄은 비우고, 둘째 줄 가운데에 씁니다.

								학	교								

학교, 학년 반, 이름쓰기

- 학교는 제목 다음 줄에 쓰며, 뒤에서 세 칸을 비웁니다.
- 학년과 반은 학교 다음 줄에 쓰며, 뒤에서 세 칸을 비웁니다.
- 이름은 학년, 반 다음 줄에 쓰며, 뒤에서 두 칸을 비웁니다.
- 본문은 이름 밑에 한 줄을 띄운 후 문장이 시작될때는 항상 첫 칸을 비우고 씁니다.

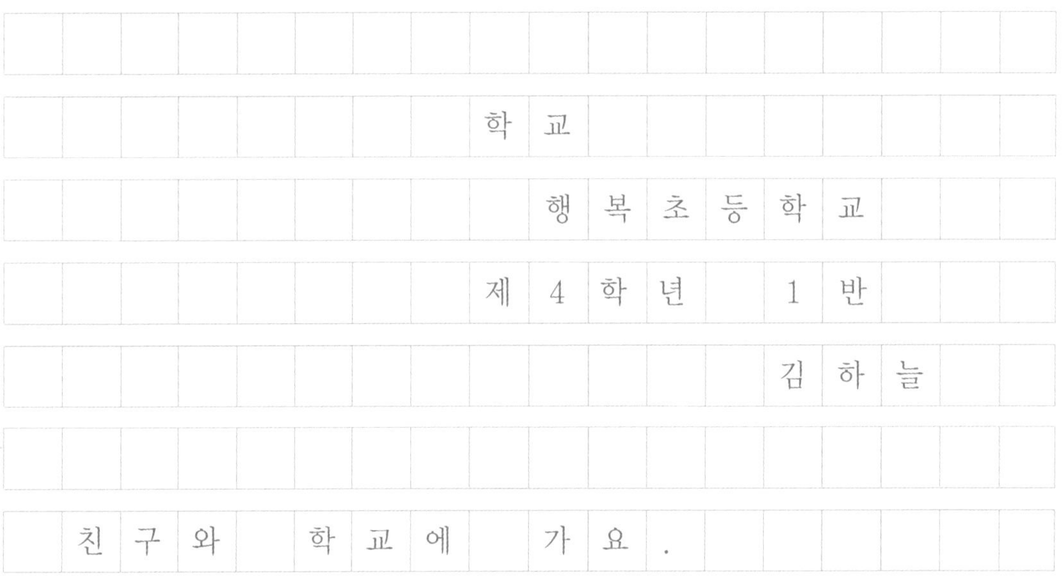

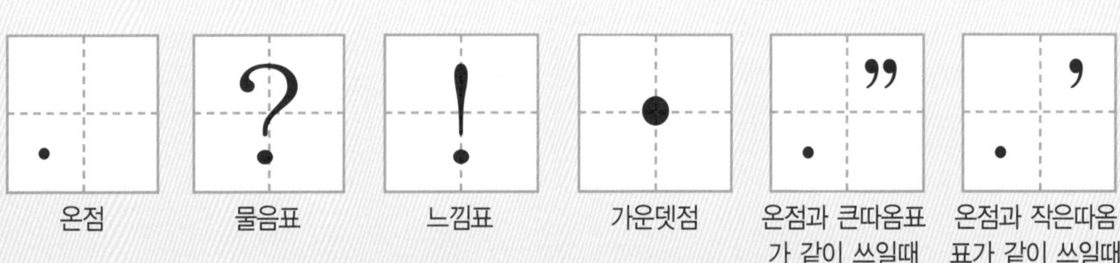

온점 | 물음표 | 느낌표 | 가운뎃점 | 온점과 큰따옴표가 같이 쓰일때 | 온점과 작은따옴표가 같이 쓰일때

● 아라비아 숫자는 한 칸에 두 자씩 씁니다.

	19	98	년		2	월		28	일								

● 문장 부호도 한 칸을 차지합니다.(온점)

	하	였	습	니	다	.											

● 말없음표는 한 칸에 세 개씩 나누어 두 칸에 찍습니다.

	꼭		가		보	고		싶	은	데	…	…	.				

● 문장 부호 중 물음표나 느낌표는 그 다음 글을 쓸 때는 한 칸을 비웁니다. 그러나 온점이나 반점은 그 다음 칸을 비우지 않고 씁니다.

	하	느	님	!		하	느	님	이		정	말		계	실	까	?
	보	람	이	는		궁	금	했	습	니	다	.	누	구	한	테	
물	어	보	아	야		하	나	?		엄	마	한	테		물	어	볼
까	,	아	빠	한	테		물	어	볼	까	?						

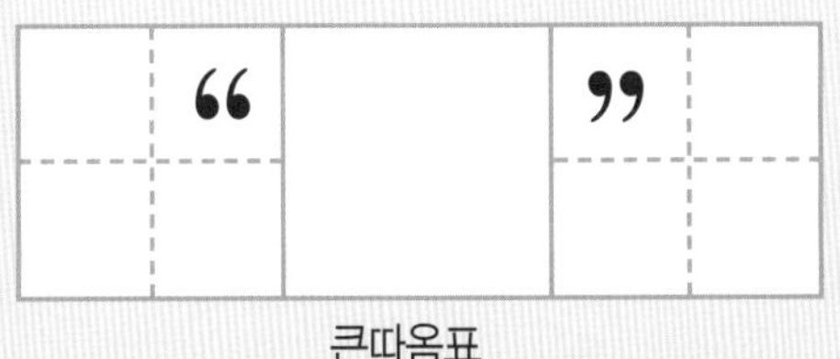

큰따옴표

작은따옴표

2016년 8월 10일 초판 **발행**
2020년 5월 10일 2쇄 **발행**

발행처 주식회사 지원 출판
발행인 김진용

주소 경기도 파주시 탄현면 검산로 472-3
전화 031-941-4474
팩스 0303-0942-4474

등록번호 406-2008-000040호

*잘못된 책은 구입하신 서점에서 바꾸어 드립니다.